Simplemente Ciencia

Construcciones

Steve Way y Gerry Bailey
Ilustraciones: Steve Boulter y Xact Studio

Gráficos: Karen Radford

everest

Construcciones

Contenidos

¿Qué es una construcción?

Una construcción es cualquier obra edificada. Los edificios, los puentes, las carreteras y hasta los túneles son construcciones. Construimos edificios para vivir, trabajar o jugar, mientras que las carreteras, los puentes y túneles nos sirven para trasladarnos.

La gente lleva miles de años construyendo, quizá desde que necesitaron un techo para cobijarse. Las primeras construcciones eran muy simples, pero los antiguos ingenieros fueron capaces de hacerlas inmensas con materiales muy sencillos… y una gran habilidad. Hoy nos siguen maravillando sus pirámides, sus templos y sus grandes círculos de piedras.

Con los materiales modernos, la construcción es cada vez más sofisticada, y pueden verse grandes edificios de cristal junto a otros de hormigón o acero.

Este nuevo edificio es de hormigón o concreto armado (reforzado con hierro o acero). Las grúas y los andamios sirven para trabajar en lo alto.

Y no nos olvidemos de los ingeniosos animales que también construyen. Por ejemplo, las termitas edifican su propia versión de los rascacielos y los zorros excavan túneles.

Herramientas y materiales

Durante miles de años la gente ha fabricado herramientas de construcción, aunque quizá las primordiales sean el conocimiento y la destreza… y la imaginación para dar con una idea. Los arquitectos, los ingenieros y los constructores ayudan a crear la construcción. Y todos se sirven de muchas clases interesantes de herramientas y materiales.

La grúa

Si has visitado alguna obra, habrás visto una grúa. Es emocionante verlas en acción. Se componen de una torre metálica y de un brazo con una polea y un gancho. Las grúas pueden elevar cargas muy pesadas.

Bulldozer

El potente *bulldozer* retira tierra y basura, y hasta edificios viejos. Su trabajo ayuda a hacer una cimentación sólida para las construcciones nuevas.

Cemento y hormigón

Los antiguos romanos inventaron el cemento y lo usaron para fortalecer sus construcciones, como el Coliseo de Roma, que sigue en pie. Con cemento se fabrica el hormigón, un material aún más fuerte.

Ladrillos y mortero o mezcla

Los ladrillos y el mortero son materiales muy importantes. Los ladrillos se fabrican con barro o arcilla cocidos. El mortero, que sirve para unir los ladrillos, consta de arena, conglomerante y agua. La sencilla paleta es la principal herramienta del albañil.

Otros materiales

Los perfiles metálicos (vigas y soportes de secciones especiales) permiten hacer las fachadas con mucho cristal para obtener interiores luminosos. Los materiales naturales como madera se utilizan para embellecer la edificación.

Una casa sobre cimientos

La mayoría de las casas se edifican sobre el suelo, pero cuando hay peligro de que te coma un animal salvaje o te ahogue una inundación, se necesita estar más protegido. Construyendo tu casa sobre cimientos, lo estarás.

Una casa que proteja

1. Para los primeros granjeros, la vida era peligrosa. Corrían el riesgo de que el mal tiempo destruyera sus hogares ¡y de que los animales hambrientos los atacaran!

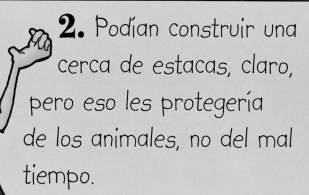

2. Podían construir una cerca de estacas, claro, pero eso les protegería de los animales, no del mal tiempo.

Antiguo y moderno

En algunas partes de Asia se construyen aún edificios sobre cimientos. Son útiles si el terreno es bajo y está cerca de ríos o mares que puedan inundarlo. También se encuentran en algunos edificios modernos.

Para edificar estas cabañas elevadas se utilizan materiales de la zona, como madera, lianas, cañas y hojas.

3. Sin embargo, una casa resolvería ambos problemas. Clavaron cuatro postes en el suelo y apoyaron una plataforma sobre ellos; después añadieron cuatro paredes de palos atados con fibra vegetal.

4. Por último, cubrieron las paredes con un tejado de paja o juncos. ¡Ya podían cambiar de domicilio!

9

Una pared grandiosa

La Gran Muralla china, de ladrillo y piedra, se empezó a construir en el siglo III a. C., ¡hace 2 300 años!, como defensa contra los invasores de Asia central.

Mide 6 400 kilómetros de longitud y se extiende por el norte de China. Cruza altas montañas y profundos valles, manteniéndose a una altura comprendida entre seis y nueve metros. Cada pocos cientos de metros hay atalayas o torrecillas.

En la parte superior se encuentra una calzada de la anchura precisa para que pasen cinco caballos, lo que indica que también servía de vía de comunicación. Se cree que trabajaron en ella más de medio millón de obreros.

¡Qué larga es!

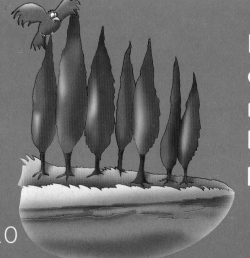

En este momento, los chinos construyen una inmensa muralla de árboles para reducir la cantidad de tierra que se pierde en los ríos del país.

Una muralla para protegerse del enemigo

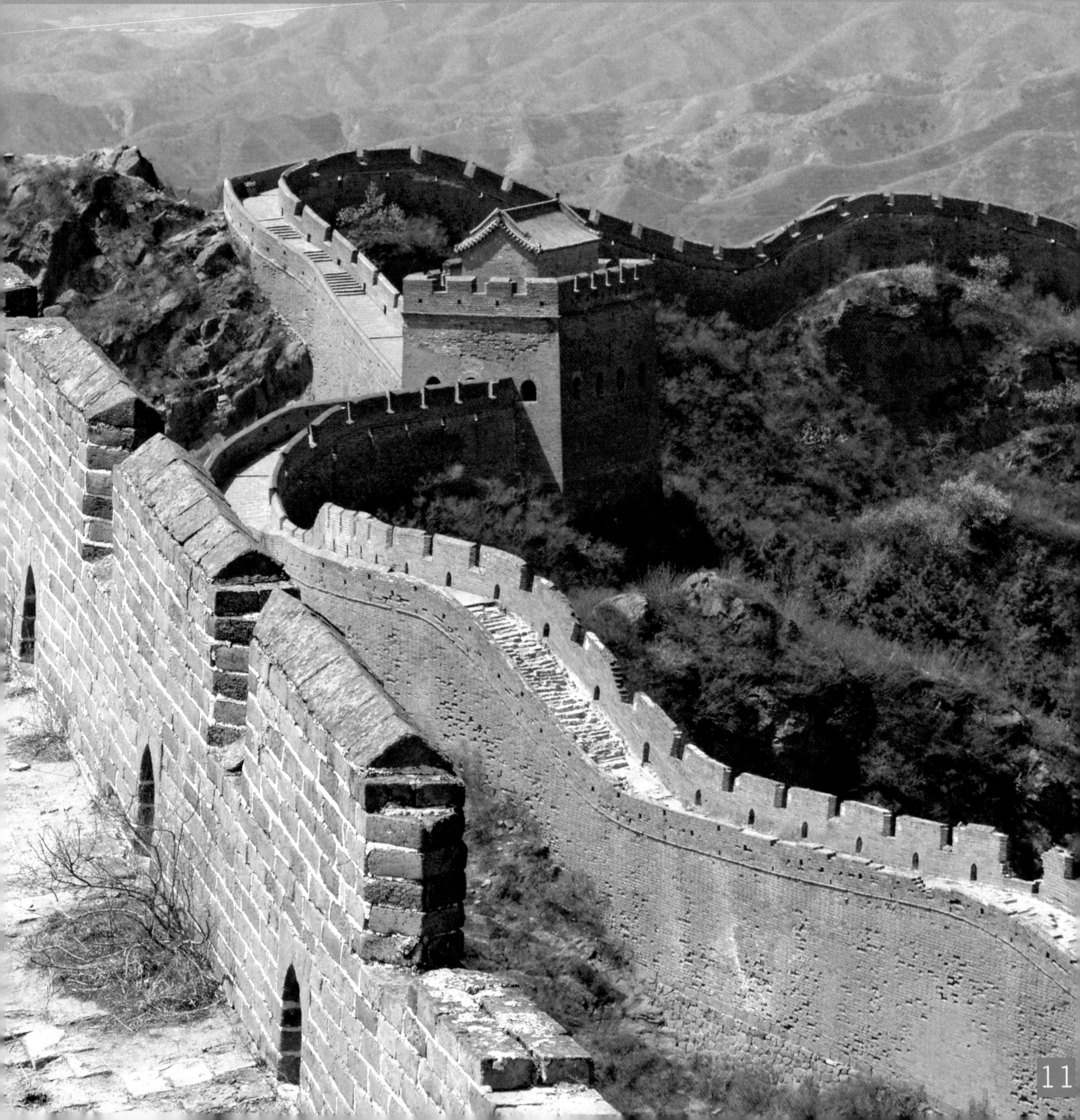

Los primeros refugios

Hace mucho, cuando la gente necesitaba protegerse del mal tiempo y de los animales, se metía en la cueva más cercana. Esa fue la primera "casa", ¡y seguro que hasta tenía pinturas en las paredes! Pero en las llanuras no había cuevas, así que debían edificar su propia casa.

Piel y hueso

Las casas primitivas se hacían con los materiales que estaban a mano. Es probable que las primeras fueran de pieles, huesos y ramas de árboles. Para hacer la choza se ataban ramas o huesos, y esta estructura se cubría con pieles o hierbas.

Casas de madera

Al ir adquiriendo nuevas habilidades, la gente construyó casas de madera. Como en ellas solía vivir una familia entera, eran muy largas, aunque casi siempre de una sola habitación.

Adobe y cañas

Cuando se aprendió más sobre
la construcción, se edificaron
casas mayores que las chozas,
con suelo, paredes y tejado
de verdad.

Las paredes eran vallas
de cañas cuyos espacios
intermedios se cubrían
con un material llamado adobe.
El adobe es una mezcla
de barro, paja, agua e incluso
boñigas o estiércol. Los tejados
solían ser de paja.

Tiendas de campaña

Si se viajaba mucho, se hacían
casas portátiles: tiendas
de pieles que se extendían
sobre postes. Ciertos pueblos
nómadas las siguen utilizando;
los nómadas de Mongolia,
por ejemplo, viven en
tiendas llamadas *yurtas*.

El arco

El arco es una construcción en curva. Se usa a menudo para sostener la parte superior de un puente, donde cubre el espacio, u ojo, entre dos pilares.

Hace unos 4 000 años los constructores descubrieron que el arco servía para fortalecer y aligerar tanto los puentes como los edificios.

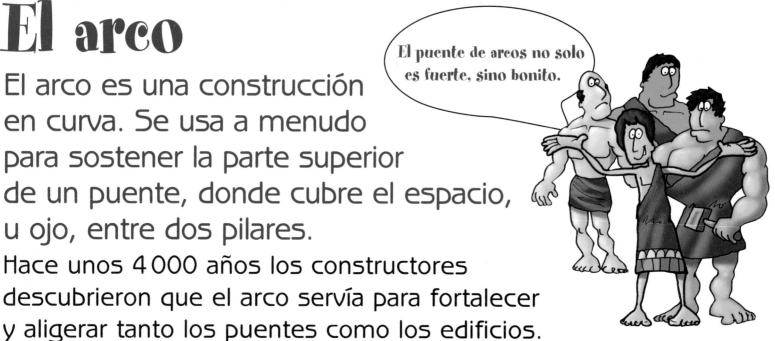

El puente de arcos no solo es fuerte, sino bonito.

Una arcada que sirve de puente

1. Para cruzar una depresión del terreno, necesitas un puente que resista el peso. Una viga de madera resiste poco: ¡se hunde por el centro!

2. Los antiguos constructores usaron grandes bloques de piedra como pilares para enderezar la viga, pero costaba colocarlos.

El puente de arcos de piedra

La arcada del puente se hace con bloques de piedra cortados de forma especial, para que encajen bien y proporcionen resistencia.

Los pilares se entierran en el suelo para añadir resistencia.

La clave es la piedra en forma de cuña de la parte superior del arco.

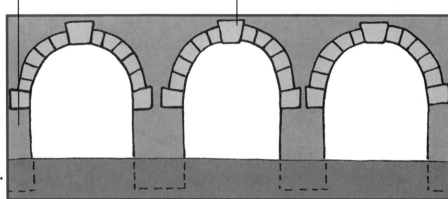

3. Un sencillo taburete dio la solución. Los soportes arqueados resistían mucho peso, porque el taburete no se hundía.

4. Y era debido a que la forma en arco de las patas se contraponía a la deformación (hundimiento central) del asiento.

5. Con el arco de piedra ocurre igual. Hasta el mayor barranco se podría cruzar con un puente que descansara sobre una arcada.

Soportes para fortalecer un puente

1. Es probable que los primeros puentes no fueran más que piezas planas de troncos colocadas sobre la depresión: si debían aguantar mucha carga, se hundían o se rompían.

2. Solo resistía si pasabas la carga poco a poco, o si lo ignorabas y cruzabas el río en balsa. ¡Pero las ovejas son malos marineros!

3. El uso de piedras para cruzar condujo a una idea mejor. Quizá una construcción similar fortaleciera el puente.

Puentes

Los primeros pobladores debían ir a todas partes andando. No había problema, siempre que no tuvieran que cruzar un río. Era entonces cuando necesitaban un puente.

Los primeros puentes eran de troncos o tablones. Después se añadieron los soportes para fortalecerlos. En cada soporte actúa una fuerza que empuja hacia arriba para equilibrar el peso, que empuja hacia abajo.

4. Así que se colocaron soportes de piedra debajo del puente para ayudarlo a soportar las cargas.

Los soportes están sometidos a una fuerza de compresión debida a la carga.

La compresión se distribuye por los soportes, que la transmiten al suelo.

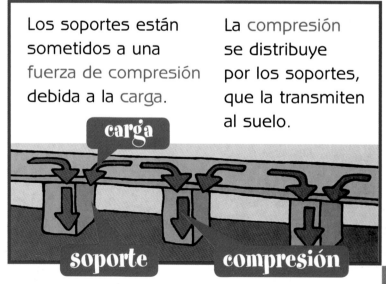

carga

soporte   compresión

Ventanas de vidrio

El vidrio es un material duro que deja pasar la luz, es decir, transparente o translúcido. Sirvió para hacer toda clase de recipientes durante siglos, pero las láminas planas para ventanas se inventaron mucho después.

El vidrio se fabrica calentando tres minerales distintos, hasta que se funden y se unen. El caliente material blando que forman se llama vidrio fundido. Para aplanarlo, se hace una burbuja de vidrio fundido que después se gira, casi como una *pizza*. Esas láminas se utilizan en ventanas, puertas…

Vidrio para que entre luz

1. El señor del castillo estaba helado. En su casa no entraban el calor ni la luz del sol. Las aberturas debían cubrirse con pieles para proteger las estancias del frío, la lluvia y el viento.

2. Y en verano para mantener el frescor, así que el dueño tenía que cargar siempre con una vela.

3. Intentó encender antorchas y sujetarlas en alto, pero hacer de candelabro resultaba aburrido... y peligroso.

Entonces tuvo una idea...

4. Advirtió que su copa, además de evitar el paso del agua, era transparente. Necesitaba cubrir sus ventanas con el mismo material: vidrio.

5. La hoja de vidrio (el cristal) podía enmarcarse y colocarse en los vanos. Así se hizo, y todos disfrutaron de ventanas que no solo dejaban entrar la luz, sino que protegían del mal tiempo.

Carreteras primitivas

Los antiguos romanos construyeron calzadas para que los soldados se desplazaran con rapidez.

Aprendieron que para hacerlas bien, había que poner buenos cimientos (lo que está debajo) y un buen drenaje. Así durarían mucho.

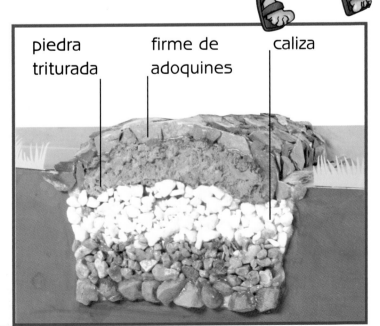

piedra triturada

firme de adoquines

caliza

1. Las primeras carreteras eran poco más que sendas abiertas en el campo por el paso de gente y animales. Estaban llenas de agujeros y raíces, y se embarraban cuando llovía.

2. Aunque solían cubrirse con una mezcla de cenizas volcánicas y cal, se agrietaban mucho.

3. Entonces, hace unos mil años, los ejércitos romanos empezaron a marchar sobre Europa. Necesitaban carreteras mejores.

4. Sus ingenieros debían hacer calzadas más cómodas y duraderas, por lo que se excavó para cimentarlas con un sistema de capas.

5. Primero echaron piedra triturada, después caliza y por último pusieron un firme de adoquines de sección curva, para eliminar el agua de lluvia. Las calzadas romanas eran rectas; no rodeaban las colinas, como otras carreteras antiguas, sino que trepaban por ellas.

Túneles

Al construir las primeras carreteras, la gente solía encontrarse con colinas o montañas que había que subir o rodear. Entonces alguien pensó que sería buena idea excavar para cruzarlas por debajo, porque se acortaría el viaje. La consecuencia fue el túnel.

Los túneles también servían para llevar agua, porque así no se evaporaba debido al sol. Bajo la antigua ciudad de Gonabad, en Irán, hay más de 45 kilómetros de este tipo de túnel, llamado *qanat*. Es sorprendente que el *qanat* siga suministrando agua.

Los militares encerrados en campos de prisioneros durante la Segunda Guerra Mundial, trataban de fugarse excavando túneles.
Los soldados aliados del campo alemán de Colditz excavaron un montón.

Por un túnel pueden pasar carreteras, canales o ferrocarriles. El Eurotúnel, de 50 kilómetros de largo, une Francia con el Reino Unido por debajo del Canal de la Mancha. También hay túneles para que los animales pequeños, como los tejones y las ranas, crucen carreteras muy transitadas.

Construcciones famosas

Pirámides

Los constructores de la antigüedad, como los egipcios y los mayas, trabajaban sin las asombrosas máquinas y herramientas actuales, así que debían aguzar el ingenio para discurrir el modo de hacer sus gigantescas pirámides.

Círculos de piedra

Hace mucho, mucho tiempo, distintas civilizaciones de diferentes partes del mundo construyeron círculos de enormes piedras. Quizá el más famoso sea el de Stonehenge, en Inglaterra.

Stonehenge se construyó entre el 3000 y el 1600 a. C. Algunas de las pesadas piedras se transportaron cientos de kilómetros.

Las pirámides egipcias, que incluyen las tres inmensas de Giza, cercanas a El Cairo, se construyeron para enterrar a los faraones.

La torre Eiffel

La torre Eiffel de París es de las más famosas del mundo: la han visitado más de 200 millones de personas. Está formada por 18 038 perfiles de hierro y se construyó para servir de entrada a la Exposición Universal de 1889.

Castillos

Los castillos pueden resultar amenazadores. Servían para defenderse del enemigo o proteger los territorios.

Los primeros consistían en simples montículos de tierra que rodeaban el poblado. Después se edificaron con madera y por último con piedra.

Los castillos normandos se edificaban sobre un montículo, alrededor de cuya base había un patio amurallado; además, el edificio se rodeaba con una excavación profunda llamada foso.

El metropolitano

El metropolitano, o metro, es un ferrocarril subterráneo que transporta pasajeros por una ciudad.

El primero se construyó bajo las calles de Londres, Reino Unido, en 1863. Iba de Farringdon a Paddington y una locomotora de vapor tiraba de los vagones. Construir un metro entrañaba riesgo, tanto que varios obreros fallecieron trabajando.

Puedes ver por qué le llama tubo.

Los modernos trenes subterráneos funcionan con electricidad, y ya hay metro en la mayoría de las grandes ciudades, como Madrid, París, Nueva York, Tokio o Seúl. En París y Nueva York lo llaman metro, como aquí.

Desplazarse bajo la ciudad

Alcanzar el cielo

1. Edificar viviendas está bien, pero las casas aisladas ocupan mucho espacio. Donde este escaseaba, los arquitectos decidieron edificar en altura, apilando viviendas.

2. Sabían que un edificio alto debía anclarse al suelo de algún modo. ¿Y si lo encadenaban? Porque debía resistir los vientos fuertes y los terremotos.

3. Para resolver estos problemas, colocaron la base sobre un profundo hueco excavado en el suelo.

Rascacielos

Los rascacielos son edificios muy altos y de muchos pisos. Los arquitectos los diseñan cuando las ciudades crecen, porque los edificios bajos ocupan demasiado terreno, y en la ciudad es muy caro. Permiten que la gente trabaje y viva en pisos.

Perfiles metálicos

Los perfiles metálicos son las vigas y pilares que suelen conformar el resistente esqueleto (la estructura) de los rascacielos. Como se doblan un poco cuando hay viento fuerte, proporcionan flexibilidad, y por tanto seguridad, a la construcción.

Prueba constructiva

1. ¿Cómo se llaman los pilares que sostienen en alto una casa?

_____

2. ¿Qué se hacía con empalizada y adobe en las casas de madera?

_____

3. ¿Cómo se llama la importante piedra superior de un arco?

_____

4. ¿Qué nombre recibe la fuerza provocada por la carga de un puente?

_____

5. ¿Qué necesitaban las calzadas romanas además de buenos cimientos?

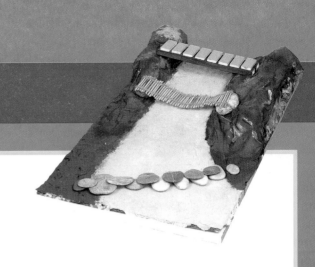

6. ¿Dónde están las tres pirámides más grandes?

7. ¿Dónde está Stonehenge?

8. ¿Para qué acontecimiento se construyó la torre Eiffel?

9. ¿Qué es un *qanat*?

10. ¿Cuántas personas trabajaron en la construcción de la Gran Muralla china?

1. Pilotes 2. Las paredes 3. Clave 4. Compresión 5. Desaguar bien 6. En Giza, Egipto 7. En Inglaterra 8. Una exposición universal 9. Un túnel por el que circula agua 10. Medio millón

Índice